Servidores Comunitarios

Choferes de autobuses escolares

Texto: Dee Ready
Traducción: Dr. Martín Luis Guzmán Ferrer
Revisión de la traducción: María Rebeca Cartes

Consultora de la traducción:
Dra. Isabel Schon, Directora
Centro para el Estudio de Libros
Infantiles y Juveniles en Español
California State University-San Marcos

Bridgestone Books

an imprint of Capstone Press
Mankato, Minnesota

Bridgestone Books are published by Capstone Press
818 North Willow Street, Mankato, Minnesota 56001
http://www.capstone-press.com

Library of Congress Cataloging-in-Publication Data
Ready, Dee.
[School bus drivers. Spanish]
    Choferes de autobuses escolares / de Dee Ready; traducción de Martín Luis Guzmán
    Ferrer; revisión de la traducción de María Rebeca Cartes.
    p. cm.—(Servidores comunitarios)
    Includes bibliographical references and index.
    Summary: Explains the dress, tools, training, and work of school bus drivers as well as special
features of their buses.
    ISBN 1-56065-803-7
    1. Bus drivers—Juvenile literature. 2. Bus driving—Vocational guidance—Juvenile literature.
[1. Bus drivers. 2. School buses. 3. Occupations. 4. Spanish language materials.] I. Title. II. Series.
HD8039.M8R4318   1999
371.8'72—dc21
                                        98-7442
                                         CIP
                                         AC

Editorial Credits
Martha E. Hillman, translation project manager; Timothy Larson, editor; Timothy Halldin,
    cover designer; Michelle L. Norstad, photo researcher
Consultant
Karen E. Finkel, Executive Director, National School Transportation Association
Photo Credits
International Stock/Rae Russel, 18
Maguire PhotoGraFX, cover, 6, 8, 14
Unicorn Stock Photos/Andre Jenny, 4; Jean Higgins, 10; Daniel Olson, 12; C. Boylan, 16;
    Tom McCarthy, 20

Contenido

Para evitar una repetición constante, alternamos el uso del feminino y el masculino.

Qué hacen las choferes

Las choferes de la escuela deben conducir sus autobuses con toda seguridad. Son muy cuidadosas en las calles y carreteras. Están pendientes de los trenes en los cruces ferroviarios. Vigilan que los niños suban y bajen de sus autobuses con toda seguridad.

Qué se ponen los choferes

Algunos choferes de autobuses escolares usan uniformes. Otros usan su propia ropa. Algunos choferes usan chamarras gruesas para estar calientes.

Herramientas de las choferes

Las choferes de autobuses escolares utilizan una señal de alto roja. Las luces y la señal de alto son parte del autobús. Con ellas pueden decirles a las otras choferes que se detengan. Así, los niños puden subir o bajar del autobús con toda seguridad.

Qué autobuses conducen los choferes
Los choferes de la escuela conducen autobuses escolares. Un autobús escolar tiene dos filas de asientos. Entre las dos filas se encuentra un pasillo. Un autobús escolar tiene lugar para muchos niños.

Las choferes escolares y la escuela

Las choferes de la escuela toman clase para aprender las reglas de tránsito. También estudian las partes del autobús. Ellas practican conduciendo autobuses. Después toman un examen para ser choferes.

Dónde trabajan los choferes

Los choferes de autobuses escolares conducen sus autobuses en todas las comunidades. Conducen sus autobuses en ciudades y pueblos. También los conducen en el campo.

Quiénes ayudan a las choferes

Los despachadores ayudan a las choferes de la escuela. Un despachador es una persona que se comunica con los choferes por radio. Algunas personas arreglan los autobuses. Otras personas lavan los autobuses cuando están sucios.

Los choferes ayudan a la gente

Los choferes de autobuses escolares ayudan a la comunidad. Ellos llevan a los niños a la escuela. También ayudan a que los niños regresen a casa con toda seguridad.

Manos a la obra: Haz una señal de alto

El autobús escolar tiene una señal de alto roja y movible. La señal les dice a los otros choferes que deben detenerse. Los niños pueden subir y bajar del autobús con seguridad, cuando los coches se detienen. Tú puedes hacer tu propia señal de alto.

Qué necesitas

Cartón

Crayones rojos y blancos

Regla o palito

Papel engomado

Qué tienes que hacer

1. Pídele a un adulto que te ayude a cortar el cartón. Córtalo de forma que tenga ocho lados como en la ilustración.
2. Escribe la palabra ALTO en la mitad del cartón. Escríbela en mayúsculas así: ALTO.
3. Usa el crayón blanco para iluminar las letras.
4. Ilumina de rojo el resto de la señal.
5. Pídele a un adulto una regla o un palito. Pégalo por la parte de atrás de la señal. Este es el mango de la señal.
6. Puedes usar tu señal para jugar al autobús escolar.

Conoce las palabras

comunidad—grupo de gente que vive en el mismo lugar

despachador—alguién que se comunica con los choferes por radio

parada de autobús—lugar donde la gente espera a los autobuses

señal de alto—una señal roja de ocho lados que le advierte a los otros choferes que deben detenerse

Más lecturas

Raatma, Lucia. *Safety on the School Bus.* Mankato, Minn.: Bridgestone Books, 1999.

Ready, Dee. *School Buses.* Mankato, Minn.: Bridgestone Books, 1998.

Páginas de Internet

Shantz Coach Lines
http://www.shantz-coach.com
School Bus Safety Tips
http://www.skyenet.net:80/fox28/bus.html

Índice